Dean Jordan

Urd's Notizbuch

Dean Jordan

URD'S NOTIZBUCH

Für heidnische und spirituelle Praxis

Bibliografische Information der Deutschen Nationalbibliothek:
Die Deutsche Nationalbibliothek verzeichnet diese Publikation in der Deutschen Nationalbibliografie; detaillierte bibliografische Daten sind im Internet über http://dnb.dnb.de abrufbar.

Inhalt und Design: Dean Jordan

Verlag: BoD · Books on Demand GmbH, In de Tarpen 42, 22848 Norderstedt, bod@bod.de
Druck: Libri Plureos GmbH, Friedensallee 273, 22763 Hamburg

ISBN: 978-3-7693-1026-9

ᚠ

ᚢ

ᚦ

ᚨ

ᚱ

X

ᚹ

H

ᚾ

I

ᛇ

ᛈ

ᛉ

W

ᛒ

M

ᛞ

ᛚ

ᛝ

ᛞ

ᛟ

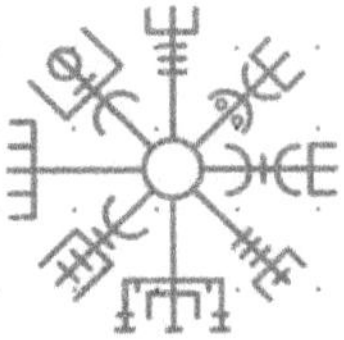

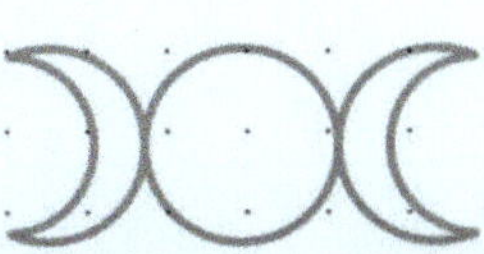